Mon journal pour entreprendre

Marguerite Depradel

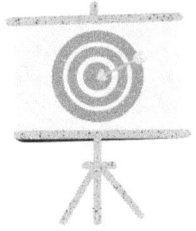

Mon journal pour entreprendre

www.toienmieux.com

© Marguerite Depradel

Tous droits de reproduction, d'adaptation et de traduction, intégrale ou partielle réservés pour tous pays.

L'auteur est seul propriétaire des droits et responsable du contenu de ce livre.

Qui a dit que les enfants ou les adolescents ne pouvaient pas entreprendre ?

Facilitée par les nouvelles technologies, l'opportunité de devenir entrepreneur est à la portée de tous, dès l'enfance.

Il te faudra trouver une idée en développant ta curiosité et ta créativité, oser te lancer, tenir bon face aux éventuelles critiques ou déceptions et connaître quelques ficelles que tu vas découvrir tout au long de ce journal afin de développer une activité intéressante. Ce sera aussi l'occasion de rencontrer des personnes partageant les mêmes idées, de travailler en équipe, et d'apprendre à gérer des relations professionnelles.

Toutes les qualités nécessaires pour devenir un bon entrepreneur te seront utiles, quoi que tu décides de faire dans le futur. La persévérance, la résilience, et la capacité à s'adapter aux changements sont des atouts indispensables pour surmonter les défis que tu pourrais rencontrer sur ton chemin.

Ce guide est là pour t'aider à devenir un créateur d'entreprise dans l'âme mais aussi à développer tous ces réflexes utiles ! Alors, es-tu prêt(e) à te lancer dans cette formidable aventure ? Qui sait ? Peut-être que ton idée d'aujourd'hui deviendra la révolution de demain. Le futur t'appartient, et il n'attend que toi pour s'écrire.

Ton journal s'articule autour des thèmes suivants :

- Les qualités de l'entrepreneur..........................6
- Te fixer et atteindre tes buts..........................10
- Vendre des produits ou des services..............16
- Reconnaître les opportunités........................21
- Trouver ton idée..25
- Établir des connexions..................................29
- Élaborer ta stratégie.....................................33
- Calculer tes coûts...38
- *Investir*..42
- Le *financement*, l'*effet de levier* et les revenus passifs..48
- Déterminer ton prix de vente........................60
- Calculer ton *profit* et le faire croître.............63
- Prévoir tes ventes et tes besoins....................68
- La *concurrence* et la *différenciation*..............69
- Faire de la *promotion*, communiquer, créer ton réseau..73
- Ton *plan de d'affaires*, ton *pitch*...................81
- T'accrocher et rebondir................................92

Un lexique reprenant les mots en *italique* est disponible en fin de livre.

Pourquoi devenir entrepreneur ?

Il est encore rare, quand on demande à un enfant ou un adolescent ce qu'il veut faire une fois adulte, qu'il réponde : "devenir mon propre patron !". Pourtant, quand tu deviens entrepreneur :

- C'est toi qui décides, qui fixe le cap !
- Tu es maître de ton temps, même si cela peut signifier travailler beaucoup.
- Tu peux travailler depuis n'importe où.
- Tu peux proposer un produit ou un service qui te passionne.
- Tu peux rencontrer d'autres personnes intéressantes.
- Tu peux transmettre ce que tu as construit.
- Tu peux contribuer à changer le monde.
- Tu peux travailler dans le respect de tes valeurs.
- C'est gratifiant car les réussites sont les tiennes.
- C'est responsabilisant car les échecs sont également les tiens.

En outre, être entrepreneur te permet de développer des compétences variées et enrichissantes. Tu deviens polyvalent(e), apprenant à jongler entre la comptabilité, le marketing, la gestion des ressources humaines et bien d'autres domaines. Cette diversité te rend plus adaptable et résilient(e) face aux défis.

Et toi, pourquoi souhaites-tu devenir entrepreneur ?

Quoi que tu rêves d'entreprendre, commence-le. L'audace a du génie, du pouvoir, de la magie.

JOHANN WOLFGANG VON GOETHE
(ÉCRIVAIN)

"La seule manière de faire du bon travail, c'est d'aimer ce que vous faites."

STEVE JOBS (CO-FONDATEUR
D'APPLE)

Les qualités de l'entrepreneur

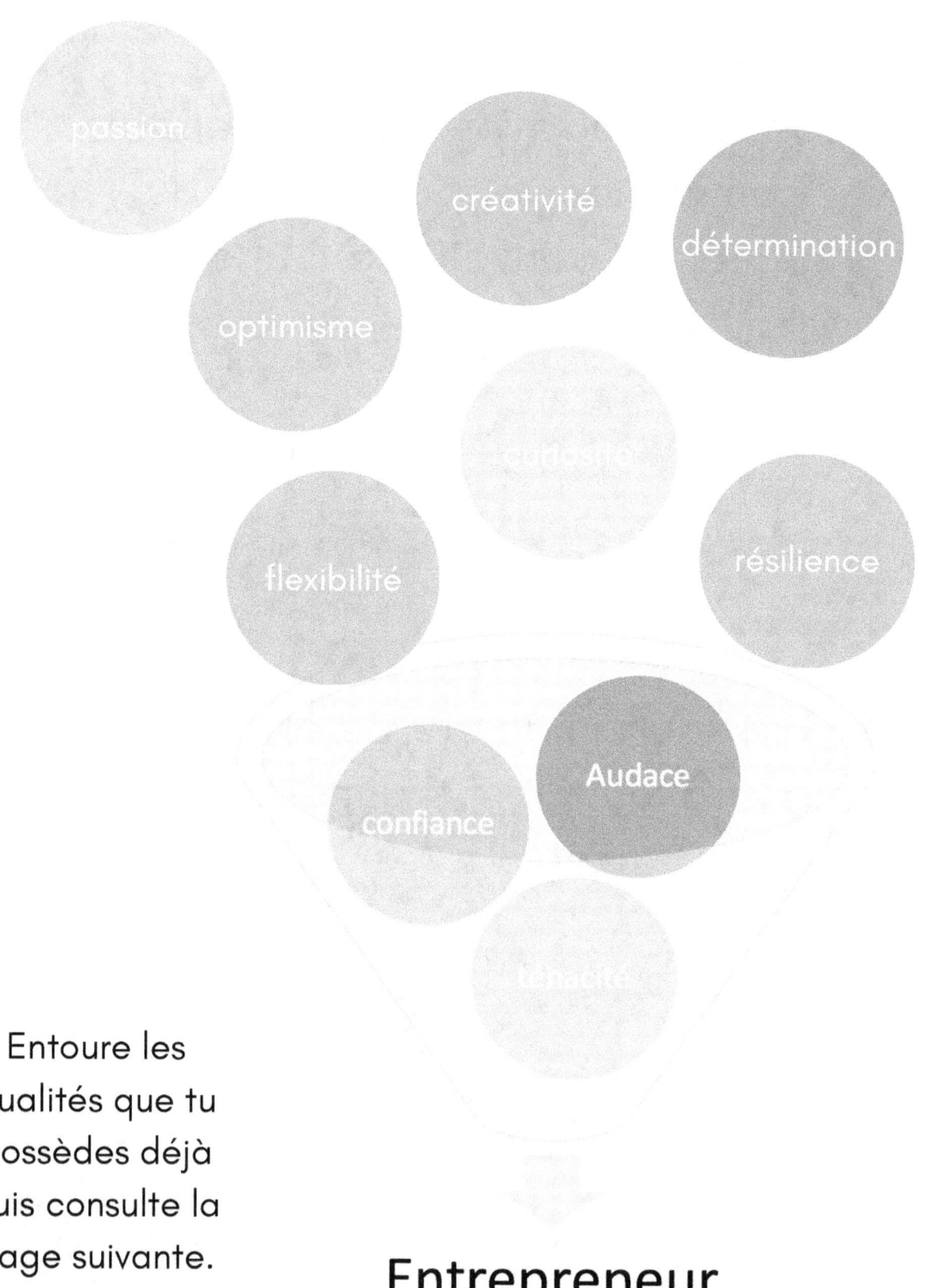

Entoure les qualités que tu possèdes déjà puis consulte la page suivante.

Entrepreneur

- **La passion** : C'est avoir un intérêt très vif pour quelque chose. Si tu es passionné(e) par un sujet, il te sera beaucoup plus facile de te motiver chaque jour et de persévérer si tu rencontres des difficultés. Tu transmettras également ton message de manière plus intéressante aux autres.

- **L'audace** : C'est oser entreprendre des actions difficiles. Il t'en faudra pour te lancer, pour aller vers les autres afin de vendre tes produits et/ou tes services mais je suis certaine que tu trouveras ce courage en toi, porté(e) par ta passion.

- **La curiosité** : C'est l'envie de voir, de tenter et d'apprendre de nouvelles choses. Cette qualité est utile pour trouver de nouvelles idées d'activités à développer ou pour enrichir ton offre.

- **La créativité** : C'est la capacité à créer, à imaginer et à innover. Cela te permettre de voir des opportunités là où les autres ne voient qu'un problème.

- **L'optimisme :** C'est l'attitude qui consiste à prendre les choses du bon côté.

- **La confiance** : C'est une espérance ferme, une assurance envers une personne ou une chose. Croire en toi et en ton activité te fera avancer.

- **La détermination** : C'est quand tu as pris une décision et que tu t'y tiens fermement.

- **La flexibilité** : C'est faire preuve de souplesse dans certains cas. C'est utile quand tu rencontres une difficulté car cela te permettra de ne pas rester bloqué(e). Cela suppose aussi de savoir adapter ton produit ou ton service à tes clients.

- **La ténacité** : C'est quand tu n'abandonnes pas, que tu persistes dans l'effort. Le succès n'est pas forcément immédiat. Il faut faire preuve de patience et de résistance.

- **La résilience** : C'est la capacité à supporter les épreuves de la vie. Cette qualité te permettra de rebondir, de prendre un nouveau départ après un échec ou une déception.

Si tu estimes qu'il te manque une ou certaines de ces qualités, note-les ci-dessous et explique pourquoi :
_____
_____
_____

Réponds maintenant sincèrement à ces questions :

N'as-tu vraiment aucun exemple contraire montrant que tu possèdes cette qualité ? Ne sois pas si critique envers toi-même !
_____
_____

N'est-ce pas simplement parce que tu n'as pas encore pu être mis(e) à l'épreuve ? Ce peut être le cas pour l'audace, la ténacité et la résilience par exemple.
_____
_____

Penses-tu que nous sommes capables d'évoluer et d'apprendre de nos erreurs ?
_____
_____

Si tu as répondu oui à l'une de ces questions, rassure-toi, tout le monde peut devenir un entrepreneur à condition de le vouloir et d'y travailler.

Fixe-toi des objectifs

Savais-tu qu'écrire tes objectifs multipliait presque par deux tes chances de les atteindre ?

Réfléchis à ce que tu aimerais réaliser au cours de ta vie. Il peut être question de tes études, de ton futur travail, de ta future entreprise, de ta vie personnelle, d'un instrument que tu aimerais pratiquer ou des pays que tu souhaiterais visiter par exemple.

Écris sur ci-dessous les objectifs que tu aimerais atteindre :

- _____
- _____
- _____
- _____
- _____
- _____
- _____
- _____
- _____
- _____
- _____
- _____
- _____
- _____

Quel est l'objectif qui aura le plus d'impact positif dans ta vie à ton avis ? Commence par cet objectif et réponds aux questions suivantes :

Cet objectif est important pour moi car :

_____
_____
_____

Je sais que je peux l'atteindre car :

_____
_____
_____

Afin d'atteindre mon objectif, je peux le découper en différentes étapes qui sont (par exemple, si tu veux apprendre une nouvelle langue, il te faut identifier un livre à emprunter ou un cours à suivre, en ligne ou ailleurs, trouver du temps, mettre un rappel, etc.) :

_____
_____
_____
_____

Aide-toi du modèle de la page suivante pour chacun de tes objectifs.

Objectif numéro __

Mon objectif: _____
_____

Je veux atteindre cet objectif car: _____
_____

Date à laquelle je veux l'atteindre: _____

| Étape 1 |
| Étape 2 |
| Étape 3 |
| Étape 4 |

Obstacles → Réponses

Si _____   Alors _____
_____   _____
_____   _____
_____   _____
_____   _____

Comment bien te fixer des objectifs ?

Pour t'aider à fixer des objectifs, tu peux aussi te servir du modèle SMART ci-dessous. SMART signifie intelligent en anglais, c'est donc tout indiqué, n'est-ce pas ?

S Un objectif doit être **Spécifique** et lié à une activité, une pensée ou une idée.

M Un objectif doit être **Mesurable**. Tu dois être capable de suivre et de mesurer tes progrès.

A Un objectif doit être **Actionnable**. Il doit y avoir des tâches ou des actions claires que tu peux entreprendre pour progresser vers ton objectif.

R Un objectif doit être **Réaliste**. Un objectif doit pouvoir être atteint.

T Un objectif doit s'inscrire dans une période de **Temps** spécifique.

Voici quelques éléments à prendre en compte lors de la rédaction de ton objectif SMART

_____
_____

Spécifique : L'objectif est-il lié à une activité ou à une pensée ?

_____

Mesurable : Puis-je représenter mes progrès sur un graphique ? Puis-je dire à quel point je me suis amélioré(e) par rapport à la journée ou à la semaine précédente ?

_____

Actionnable : Quelle tâche ou action vais-je faire ? Puis-je dessiner une image de quelqu'un en train de faire cette action ?

_____

Réaliste : Existe-t-il des exemples de personnes qui ont atteint ce niveau de réussite dans ce laps de temps ?

_____

Limité dans le temps : Ai-je inclus un laps de temps déterminé ou une date à laquelle je veux atteindre mon objectif ?

_____

Ton tableau des rêves

Visualiser t'aide à te projeter et à rendre plus concrets tes objectifs. Si ta motivation fléchit, jette un coup d'oeil à ton tableau. Colle ci-dessus des photos inspirantes de ce que tu souhaites atteindre ou crée ton propre format. Tu peux taper "tableau de rêves" ou "tableau de visualisation" sur Google pour trouver plus d'exemples.

Veux-tu vendre des produits ou des services ?

Un produit est un **bien physique**. Il est fabriqué ou construit et peut être revendu. Ce peut être un gâteau, une bougie, un livre, une voiture, une maison par exemple.

Un service est la **mise à disposition** d'une capacité technique ou intellectuelle. Il est consommé en même temps qu'il est produit. Il ne peut pas être stocké ou revendu. C'est le cas d'une coupe de cheveux ou d'un cours de français par exemple.

On peut gagner de l'argent en vendant des produits et des services. On peut gagner de l'argent en vendant des produits combinés à des services.

Dans le cas de certains produits, on peut les produire une seule fois mais les vendre plusieurs fois. C'est le cas d'un cours enregistré, d'un livre électronique ou d'une illustration digitale par exemple. Nous y reviendrons plus tard.

Idées de produits à vendre

- Biscuits, gâteaux faits maison
- Boissons fraîches faites maison
- Fruits, légumes, herbes aromatiques, œufs frais, fleurs si tu as accès à un producteur
- T-shirts personnalisés
- Pochettes, lingettes à démaquiller en tissu si tu sais coudre
- Savons, mélanges d'huiles parfumées faits maison
- Petits bijoux en perles ou en pâte Fimo faits maison par exemple
- Objets de décoration
- Portraits si tu sais dessiner ou si tu peux imprimer les photos que tu auras prises
- Dessins, illustrations ou toutes oeuvres d'art que tu as créés
- Résumés de cours ou de fiches de lecture
- Vidéos explicatives sur des sujets que tu maîtrises : comment faire des potions Minecraft ou comment dessiner par exemple

Idées de services à vendre

- Livraison de petites courses ou de journaux
- Jardinage : enlever les mauvaises herbes, tondre, ramasser les feuilles mortes
- Lecture pour une personne ayant du mal à lire
- Écriture de lettres pour une personne ayant du mal à écrire, les poster
- Aide informatique pour des personnes moins douées que toi avec un téléphone, une tablette ou un ordinateur
- Cours particuliers : mathématiques ou français mais ce peut aussi être des cours de dessin, de retouche photo ou de Minecraft si tu es doué(e) !
- Coiffure ou massage
- Aide aux devoirs
- Garde d'enfants plus jeunes que toi
- Garde et promenade d'animaux
- Arrosage de plantes en l'absence de leurs propriétaires
- Traduction si tu as la chance de parler plusieurs langues

  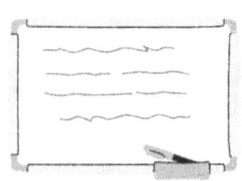

Recycle

Avant de jeter quelque chose à la poubelle, pense aussi à le recycler. Quel rapport avec le fait d'entreprendre ? Simplement gagner un peu d'argent en pesant moins sur notre planète et en faire potentiellement une activité.

Tes chaussures sont trop petites et tu n'as pas de petit frère ou de petite soeur à qui les donner? Si elles sont encore en bon état, pourquoi ne pas les nettoyer et les vendre d'occasion ?

Tu peux aussi personnaliser un vêtement qui ne te plaît plus en y collant des paillettes, en y cousant des écussons, en y écrivant un message avec des feutres spéciaux. Si ton style plaît, tu pourras proposer tes services et personnaliser les vêtements des autres.

Les objets que tu recycles peuvent aussi devenir ta matière première. Un t-shirt peut se transformer en lingettes démaquillantes réutilisables ou en petit sac.

Nos doutes sont des traîtres qui nous font souvent perdre par crainte d'entreprendre la bataille que nous pourrions gagner.

WILLIAM SHAKESPEARE (POÈTE ET DRAMATURGE)

La créativité consiste juste à connecter les choses.

STEVE JOBS (CO-FONDATEUR D'APPLE)

Apprends à reconnaître les opportunités

L'esprit d'entreprise consiste à identifier et à résoudre des difficultés. Un entrepreneur voit une opportunité là où une autre personne verra juste un problème.

Les problèmes peuvent ne pas avoir été identifiés. Une difficulté ou une lenteur existe mais elle est acceptée comme faisant partie du produit ou du service proposé. L'entrepreneur va identifier ce problème et proposer une solution.

Parfois, le problème est connu et la solution existe déjà mais un entrepreneur trouve des moyens de rendre la solution plus efficace.

C'est cette **capacité à reconnaître les opportunités** qui conduit les entrepreneurs à créer un produit ou un service.

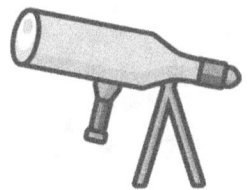

Quand tu ressens de l'insatisfaction pour quelque chose, réfléchis aux moyens de l'améliorer. Par exemple, si tu n'aimes pas manger des légumes, que pourrais-tu faire pour les rendre plus appétissants ?

Ou si tu trouves ennuyeux de te brosser les dents, comment pourrais-tu améliorer cette activité tout en prenant soin de ta bouche ?

Réfléchis aux choses qui t'irritent ou te frustrent au quotidien. Ce peut être à la maison, à l'école, dans ta rue, dans ta ville, dans ton pays, dans le monde !

Liste-les puis cherche des solutions. Commence simplement et ne te décourage pas si tu trouves une solution qui existe déjà. Au contraire, cela veut dire que tu as de bonnes idées ! À chaque fois que tu te heurtes à un problème, essaye de voir comment lui apporter une solution.

Tu peux utiliser la page suivante pour t'aider dans ta réflexion.

❶ Décris un problème auquel tu es confronté(e) :

_____
_____
_____
_____

❷ Différentes manières de résoudre ce problème :

☆ _____
_____

☆ _____
_____

☆ _____
_____

☆ _____
_____

☆ _____
_____

❸ Réfléchis à ce qui pourrait se passer pour chacune des solutions listées ci-dessus.

❹ Entoure la solution choisie. Utilise la page suivante pour décomposer les actions à prendre et à toi de jouer !

④ La solution que j'ai choisie :

_____
_____
_____
_____

Les différentes étapes pour agir :

☆ _____
_____

☆ _____
_____

☆ _____
_____

☆ _____
_____

☆ _____
_____

❺ Les ressources nécessaires pour agir :

_____
_____
_____
_____

Trouve ton idée

As-tu des talents particuliers dont tu pourrais faire bénéficier les autres ? Ce peut être :

- Une matière où tu excelles (pour donner des cours ou faire des fiches),
- Un domaine artistique, sportif, musical ou informatique dans lequel tu es doué/e ou que tu veux apprendre à maîtriser (pense à tout ce qui te passionne),
- Une recette que tu réussis parfaitement,
- Une qualité comme la patience pour garder des enfants ou donner des cours.

_____
_____
_____
_____
_____

As-tu accès à des ressources particulières comme un jardin ou un potager ? Peux-tu trouver un accès facile aux ressources dont tu as besoin ?

_____
_____
_____
_____

Tu peux aussi réfléchir en fonction de ce que tu aimes et ce qui t'intéresse. Si tu es passionné(e) par le domaine de la beauté, par la nature ou par les sports automobiles, pourquoi ne pas écrire sur le sujet dans un blog et/ou en faire des vidéos ?

Tenir un blog est gratuit et te permettra de partager ta ou tes passions avec le reste du monde. C'est une activité enrichissante qui demande et développe de nombreuses qualités comme la curiosité, le goût de l'écriture, la persévérance et la régularité.

De même, publier des vidéos sur des plateformes telles que Youtube est gratuit.

Une fois que tu as trouvé ton audience, c'est à dire les personnes que ton sujet intéresse et qui te suivent, tu pourras réfléchir à comment le transformer en activité.

Tu peux par exemple accepter d'héberger de la publicité sur ton blog. Et dans le cas de Youtube, il te faudra un minimum de 1.000 abonnés et de 4.000 heures de visionnage pour qu'ils te proposent une *rémunération*.

Pour cultiver l'inspiration, tu peux coller ci-dessous des photos ou des articles découpés dans des magazines des choses qui t'intéressent. Peu importe si les sujets n'ont pas de liens entre eux, l'important est de multiplier les possibilités et d'établir des connexions.

Si vous pouvez le rêver,
vous pouvez le faire.

WALT DISNEY (PRODUCTEUR,
REALISATEUR, SCÉNARISTE, ANIMATEUR)

Simplifier sa vie ! Cela paraît la chose du monde la plus facile à entreprendre, et pourtant rien n'est plus difficile. Il y a tout à faire. Absolument tout.

HENRY MILLER (ÉCRIVAIN)

Établis des connexions

Un autre moyen de trouver une idée est d'établir des connexions entre deux idées ou deux produits. Pour t'y aider, tu peux utiliser une carte mentale. L'objectif de la carte est d'établir des connexions pour montrer comment différents concepts sont liés.

Pour organiser ta pensée autour d'un sujet spécifique, tu peux utiliser les questions suivantes et le schéma ci-dessous :

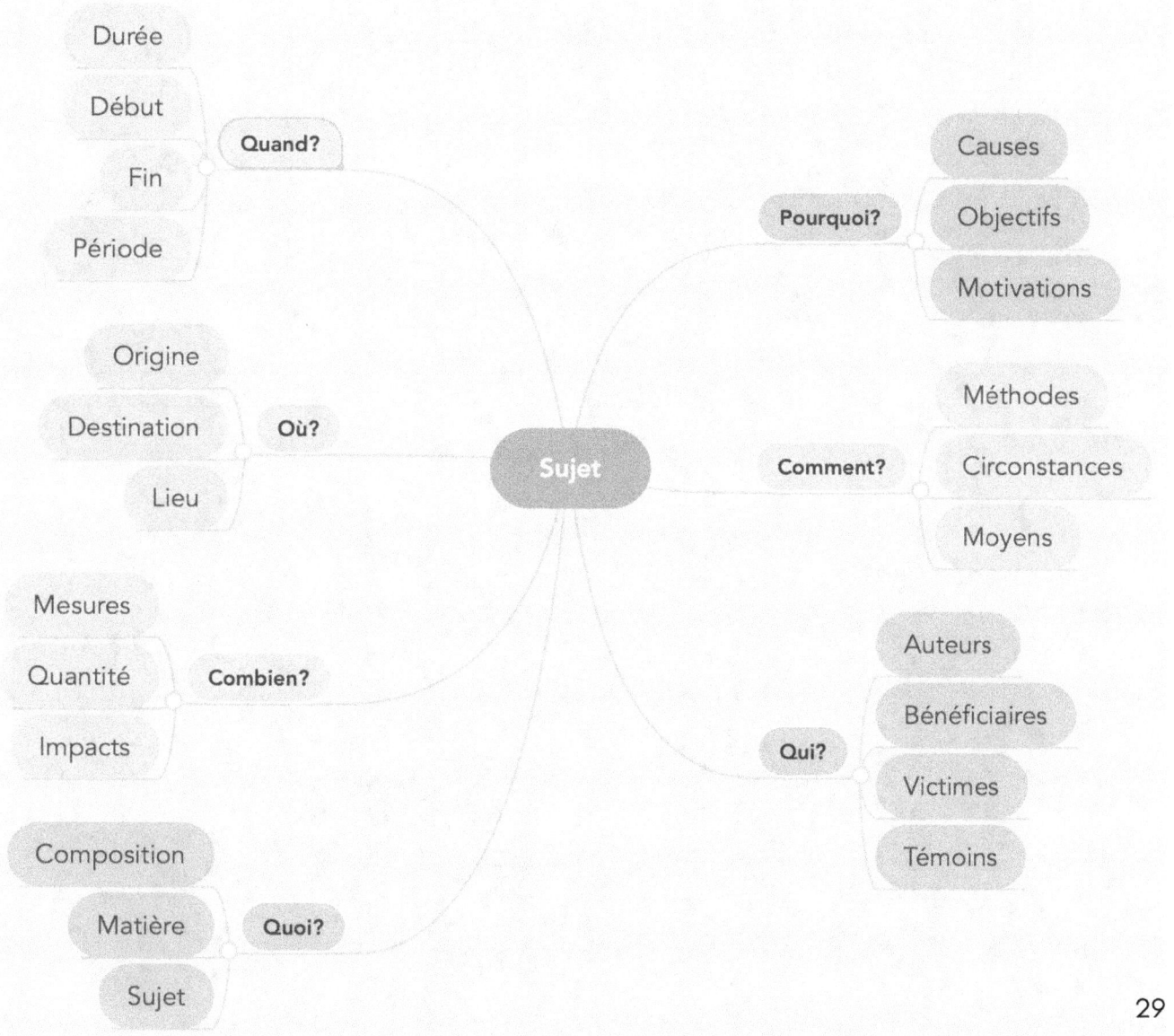

Additionne, mais pas des nombres, des objets ! Invente de nouveaux objets en fusionnant deux objets existants.

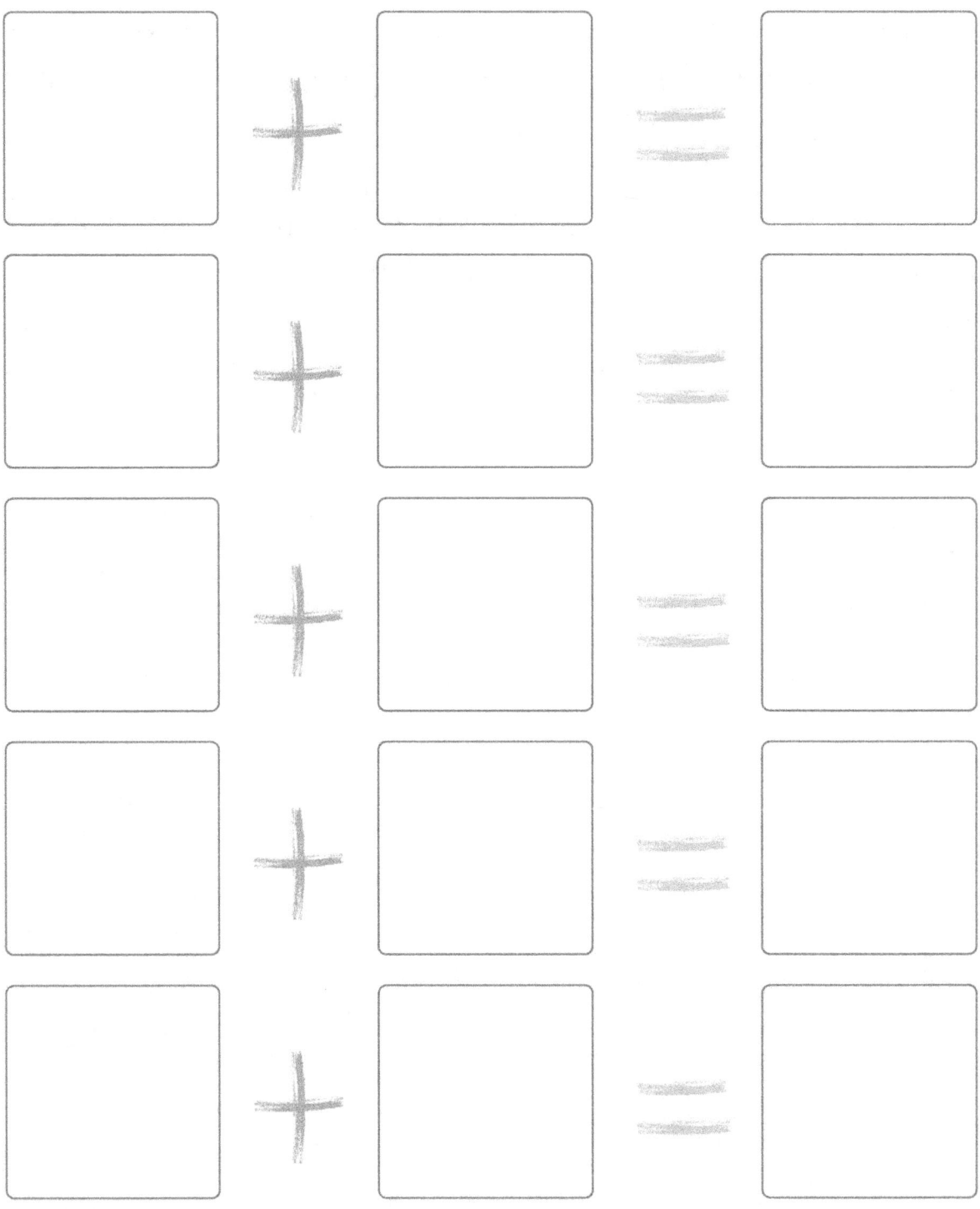

Tu as trouvé !

Tu as une ou des idées d'activités que tu souhaites développer ? Note-les ci-dessous pour ne pas les oublier :

- _____
- _____
- _____
- _____
- _____
- _____
- _____
- _____

Choisis le produit ou le service que tu veux proposer et décris-le de manière simple. Imagine que tu doives expliquer en quelques phrases ce que tu vends et pourquoi. Par exemple : "J'ai décidé de vendre des biscuits que je fabrique moi-même car je trouve que ceux vendus dans le commerce sont trop sucrés."

_____
_____
_____
_____
_____
_____

Quel nom veux-tu donner à ton activité ? Ce nom, c'est un peu comme ta *marque*.

_____

Dessine ton *logo* ci-dessous. Un logo est un dessin qui symbolise ta marque, comme la pomme pour Apple par exemple :

Tu peux aussi définir ton *slogan* ci-dessous. Un slogan est une phrase percutante, qui résume ton produit ou ton service en quelques mots :

_____
_____
_____
_____

Tous ces éléments font partie de ta stratégie pour te *différencier*, te démarquer de la *concurrence*. Nous verrons ce point un peu plus loin.

Élabore ta stratégie

Une fois que ton produit ou ton service est défini, il faut élaborer ton organisation et ta *stratégie*.

Quel temps es-tu prêt(e) à consacrer à ton activité de production chaque semaine ? Quelques minutes, quelques heures ?

_____
_____
_____

Sur quelles plages horaires, penses-tu pouvoir t'y consacrer ? Après les devoirs en semaine par exemple, le samedi matin ? Durant les vacances scolaires ?

_____
_____
_____

Quel temps est nécessaire pour fabriquer ton produit ou fournir ton service ? N'oublie pas les temps de transport éventuels.

_____
_____
_____

Comment vas-tu le présenter (emballage) ?

_____
_____

Ton produit se conserve t-il ? OUI / NON.

Si non, pense à bien noter ta date de fabrication et d'estimer une date à laquelle ton produit ne sera plus consommable (2 ou 3 jours pour des biscuits par exemple).

As-tu besoin de l'aide de quelqu'un pour l'un des aspects de ton activité ? OUI / NON.

Si oui, comment vas-tu t'assurer de l'aide de cette personne ?

_____
_____
_____

Quand pourrais-tu vendre tes produits ou services ? Il ne s'agit plus de produire mais de proposer tes produits ou services à tes clients potentiels.

_____
_____

Où pourrais-tu vendre tes produits ou services ? Y a-t-il des kermesses à l'école, des vide-greniers, des marchés, une boutique, un site d'e-commerce ?

_____
_____
_____

À qui pourrais-tu vendre tes produits ou services ? Quel public vises-tu ? Ta famille, tes camarades d'école ? Tes voisins ? Ta rue ? Tout de monde ?

_____
_____
_____
_____

Comment vas-tu leur faire savoir que tu proposes des services ? Par le bouche-à-oreille, en le communiquant sur Internet, en collant des annonces à ton école ou dans ta rue ?

_____
_____
_____
_____

Quelle *concurrence* as-tu ? Qui vend le même produit ou la même chose que toi ?

_____
_____
_____
_____

Nous verrons dans la partie *différenciation* comment proposer un même produit ou un même service tout en étant différent.

Complète le schéma ci-dessous pour avoir une vision d'ensemble de ce que tu proposes, à qui, comment et quand.

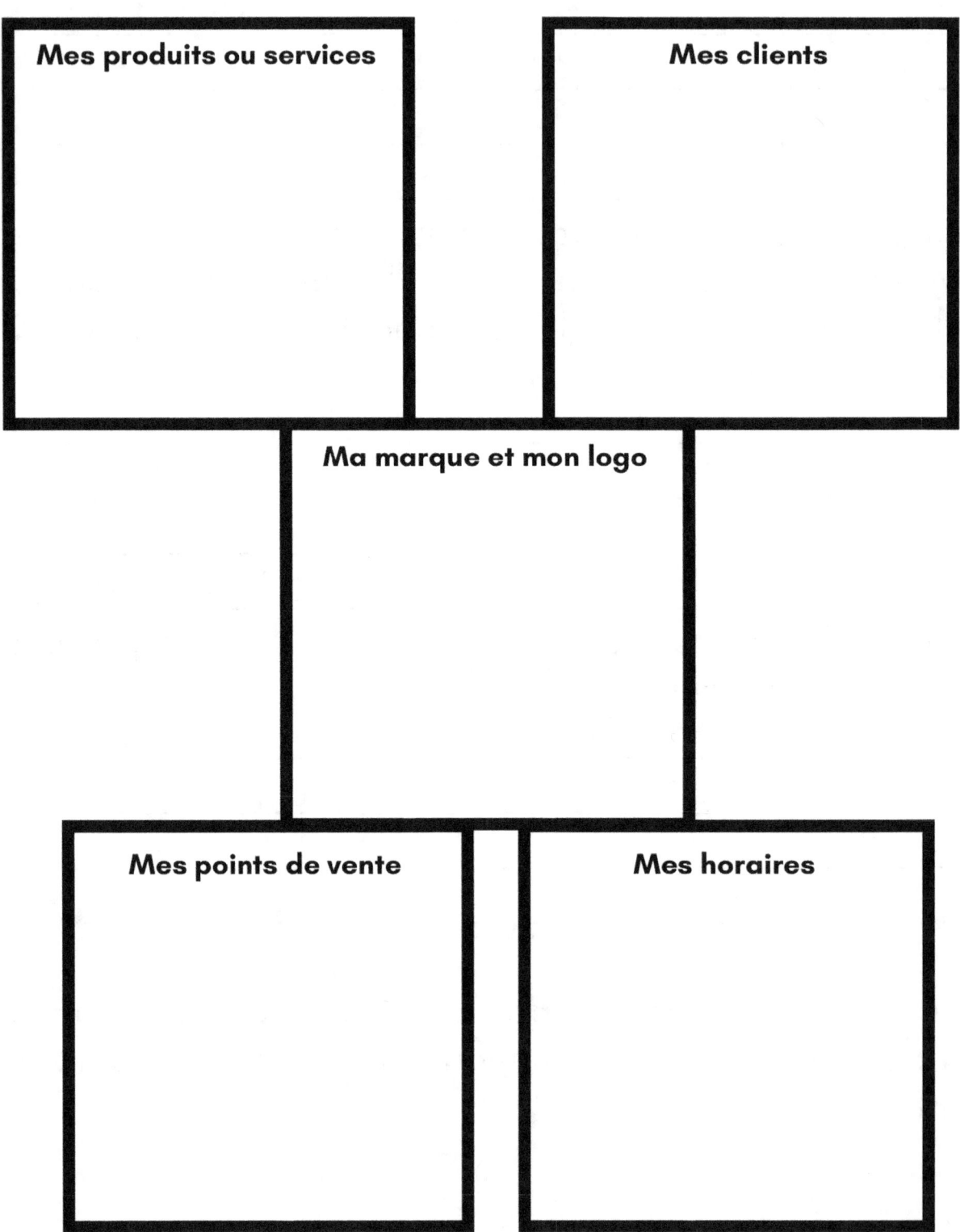

Je n'ai jamais rêvé du succès. J'ai travaillé pour l'obtenir.

ESTÉE LAUDER (FONDATRICE D'ESTÉE LAUDER)

Vous devez porter passionnément une idée ou un problème que vous souhaitez résoudre. Si vous n'êtes pas assez passionné dès le départ, vous ne tiendrez pas le coup.

STEVE JOBS (FONDATEUR D'APPLE)

Calcule tes coûts

Une fois que tu as décidé ce que tu voulais vendre, il faut calculer tes *coûts*. Les coûts sont l'argent que tu dépenses (ou que tes parents dépensent) pour pouvoir fabriquer ton produit ou assurer ton service.

Imaginons que tu décides de vendre de la citronnade. Pour produire deux litres de citronnade, il te faut six citrons biologiques, deux litres d'eau minérale, cinquante grammes de sucre roux, un peu de menthe fraîche et des glaçons. Le prix de tous ces ingrédients représente tes *coûts*.

+ 2,50 Euros pour les citrons
+ 1,00 Euro pour l'eau
+ 0,10 Euros pour le sucre
+ 0,50 Euros pour la menthe
= 4,10 Euros de coûts de matières premières

Tu peux aussi donner une valeur au temps que tu vas passer à préparer la citronnade car le temps, c'est de l'argent ! Si tu passes quinze minutes à préparer ta citronnade et que tu considères qu'une heure de ton temps vaut 10 Euros, alors tu peux ajouter 2,50 Euros au calcul de tes *coûts*.

Au lieu d'avoir un *coût* de 4,10 Euros, tu auras alors un *coût* de 6,30 Euros pour deux litres de citronnade, soit 3,15 Euros par litre.

Dans le cas d'un service, il n'y aura pas de matières premières autre que ton temps. Si tu consacres une heure de ton temps à apprendre à dessiner à quelqu'un et que tu valorises ton temps à 10 Euros de l'heure, alors ton *coût* sera de 10 Euros, plus éventuellement les feuilles de papier que tu auras utilisées.

Tu auras peut-être remarqué que j'ai simplifié le calcul des *coûts*. En effet, je n'ai pris que les *coûts* de fabrication de la citronnade dans mon exemple.

Or, il arrive souvent que d'autres *coûts* s'ajoutent aux *coûts* de fabrication. Par exemple, tu auras besoin d'un emballage pour ta citronnade que tu peux vendre en bouteille ou au verre. Mais ce sera le cas de beaucoup de produits.

Si tu veux calculer au plus juste tes *coûts* afin de fixer le bon prix de vente, il faudra penser aux *coûts* :

- **d'emballage**,
- **de distribution**, pour envoyer ton produit par la poste par exemple mais aussi pour payer ta participation à un marché de Noël,
- **de transport**, pour te rendre sur ton lieu de vente,
- **de communication** pour que tes clients potentiels sachent que tu vas vendre ton produit ou ton service.

Liste ci-dessous tous les *coûts* auxquels tu peux penser. Une fois que tu auras commencé à fabriquer ton produit ou à proposer ton service, reviens **ajouter les *coûts* que tu aurais pu oublier**. C'est important car du correct calcul de tes *coûts* découle la fixation d'un prix de vente te permettant de gagner de l'argent. Pense aussi à comparer les coûts de tes matières premières. Un magasin spécialisé te proposera peut-être de meilleurs prix.

- _____
- _____
- _____
- _____
- _____
- _____
- _____
- _____
- _____
- _____
- _____
- _____

Investis

Parfois, tu peux dépenser de l'argent pour ton activité mais ce n'est pas un *coût*. Cela s'appelle un **investissement**.

Il y a deux types d'*investissements* :

- Un *investissement* **matériel** est quand tu achètes un produit pour pouvoir rendre ton service ou fabriquer ton produit. Il ne disparaît pas quand tu rends ton service ou quand tu fabriques ton produit. Tu vas pouvoir l'utiliser de nombreuses fois. C'est par exemple un appareil photo si tu veux réaliser des portraits ou un four si tu veux fabriquer des gâteaux.

Au début, essaye autant que tu le peux d'utiliser les moyens qui sont déjà à ta disposition. Si tu vois que tes ventes décollent, étudie comment un *investissement* peut te permettre de gagner plus d'argent. Pour voir si ton *investissement* est *rentable*, il faut te demander ce qu'il va t'apporter : Plus de ventes ? Moins de coûts ? Une meilleure qualité ?

Le deuxième type d'*investissement* est **immatériel**.

- Comme son nom l'indique, un *investissement* immatériel n'est pas un objet. Cet investissement doit te permettre d'améliorer le produit que tu vends ou le service que tu rends.

Reprenons l'exemple des portraits. Si tu suis un cours de photographie pour améliorer ta technique, c'est un *investissement* immatériel. Ce ne sont pas les *investissements* les plus courants.

Enfin, pour revenir à la notion de **rentabilité de l'investissement** que nous évoquions - c'est à dire ce que tu dépenses par rapport à ce que tu comptes gagner en plus grâce à cet investissement - tu peux utiliser la formule suivante en essayant de deviner ce que cela va te rapporter en plus :

Montant de l'investissement / Montant que tu espères gagner en plus grâce à l'investissement

Prenons un exemple concret pour que ce soit un peu plus clair et servons-nous de celui du cours de photographie.

Disons que ce cours coûte 150 Euros. C'est le montant de ton *investissement*. Tu estimes qu'une fois que tu auras pris ce cours, au lieu de vendre tes portraits 10 Euros pièce, tu les vendras 15 Euros. Tu vends environ 2 portraits par mois. Cela veut dire qu'en un an, si tes ventes restent stables, tu penses augmenter tes ventes de 120 Euros.

J'ai trouvé 120 Euros en prenant la hausse de ton prix (15 - 10) et en la multipliant par ton nombre de ventes attendues en un an (2 x 12), soit (15 - 10) x 2 x 12 = 120.

150 / 120 = 1,25 ce qui veut dire que d'ici un an et trois mois (12 mois x 0,25 = 3 mois), ton investissement sera *rentabilisé*. Une autre manière de le dire est que ton *investissement* aura été remboursé par ta hausse de prix en un an et trois mois.

Tes besoins financiers

As-tu besoin d'*investir* pour lancer ton activité ? Liste toutes les choses dont tu as besoin pour te lancer ci-dessous. Reprends la page sur les coûts que tu as déjà remplie :

Matières premières :

Emballages :

Matériels (ou investissements) :

Transport :

Promotions (pour te faire connaître) :

Divers :

Tu as maintenant une idée de tes besoins financiers, c'est à dire de l'argent qu'il va te falloir pour te lancer et poursuivre ton activité.

Note le montant de tes économies :

Note le montant des investissements :

Note le coût de ta première production :

Besoins financiers :

Si le chiffre que tu obtiens est négatif, c'est à dire que tes économies sont inférieures à tes achats et *investissements* nécessaires, alors tu vas devoir trouver d'autres moyens de te financer.

Tu peux aussi attendre d'avoir plus d'économies pour ne pas avoir à demander d'argent.

Si le chiffre que tu obtiens est positif, tes économies sont supérieures à tes achats et *investissements* nécessaires, tu vas pouvoir lancer ton activité sans attendre.

Il n'y a qu'une façon d'échouer. C'est d'abandonner avant d'avoir réussi.

GEORGES CLEMENCEAU (HOMME D'ÉTAT FRANÇAIS)

Le plus grand risque est de ne pas prendre de risque du tout. Dans un monde qui évolue très rapidement, la seule stratégie qui est sûre d'échouer est de ne pas prendre de risques.

MARK ZUCKERBERG (CO-FONDATEUR DE FACEBOOK)

Le financement

Si tu veux patienter d'avoir tout l'argent nécessaire pour lancer ton activité, tu peux utiliser le document ci-dessous pour t'aider :

Mes économies :

Montant dont j'ai besoin :

Date à laquelle j'en ai besoin : _____

Argent de poche que je peux économiser :

Choses que je peux vendre :
- _____
- _____
- _____
- _____

Services que je pourrais rendre :
- _____
- _____
- _____
- _____

Tu as cinq principaux moyens pour te financer. Tu peux d'abord utiliser :

- Ton **épargne** ou ce que tu as économisé sur ton argent de poche ou tes anniversaires par exemple.

- Ton **activité** – ou ce que tes ventes te rapportent moins tes *coûts* – que tu peux réutiliser pour acheter de nouvelles *matières premières* ou pour *investir*. Pour cela, il faut avoir déjà lancé ton activité.

- **L'emprunt**, qui consiste à obtenir de l'argent d'une autre personne ou d'une banque puis à le rembourser moyennant un éventuel *taux d'intérêt*.

Pour te donner un exemple, imaginons que tu aies besoin de 100 Euros pour commencer ton activité. Si une banque te prêtait cet argent, elle le ferait contre une *rémunération*. L'argent n'est pas gratuit, même pour une banque. Au lieu de restituer 100 Euros à la banque, tu lui verserais 100 (la somme prêtée) + 3 (le montant des intérêts) soit 103 Euros.

La quatrième manière est de trouver **d'autres sources de revenus** pour compléter la somme nécessaire. Pour se faire, tu peux par exemple :

- Demander à tes parents de faire des corvées dont tu ne t'occupes habituellement pas contre un peu d'argent,

- Rendre des services à tes voisins, donner des cours, garder des enfants, promener des chiens,

- Vendre avec l'accord de tes parents des livres, des jouets ou des vêtements que tu n'utilises plus.

La cinquième manière est de trouver un *investisseur*. Un *investisseur* t'avance de l'argent mais s'attend à une *rétribution* dans le futur. Ce peut être une partie de ce que tu gagneras durant un certain temps. Mieux vaut établir clairement dès le début de *l'investissement*, la *rétribution* attendue. Pour aller plus loin sur le sujet, nous évoquerons aussi le *plan de développement*.

Tu vas me faire remarquer qu'une banque, tu les vois dans la rue, mais un *investisseur* ? Il se promène rarement en ville avec une liasse de billets à distribuer. Alors où le trouver ?

Tu peux déjà essayer autour de toi car la majorité des nouvelles entreprises, ou dans ton cas, nouvelle activité, sont financées par la famille et les amis.

Tu peux également essayer le "crowdfunding", ou **financement participatif**. Cette méthode fait appel aux internautes pour financer un projet, qui peut être de nature très diverse (culturel, artistique, entrepreneurial, etc.).

Cette méthode permet de récolter de l'argent auprès d'un large public via des plateformes de financement participatif. Il peut prendre la forme de dons, de prêts rémunérés – comme le ferait une banque – ou de *participations* dans l'entreprise. Dans ce dernier cas, l'*investisseur* acquière des droits sur ton entreprise.

Comment peux-tu convaincre tes ami(e)s, ta famille, tes voisins et de potentiels investisseurs de participer financièrement à l'aventure ?

Nous verrons l'importance de présenter avantageusement ton activité dans la partie plan de développement, ou "business plan".

Tu peux notamment proposer aux investisseurs :

- Des pré-ventes ou pré-commandes du produit ou service pour obtenir de l'argent avant d'avoir produit,
- Une contrepartie symbolique comme une carte postale à l'effigie de l'entreprise,
- Un *rabais* sur leurs commandes futures,
- De faire leur publicité. Par exemple, si un commerçant de ton quartier accepte de t'aider, tu peux communiquer positivement sur les réseaux sociaux en mentionnant son soutien.

L'effet de levier

C'est une notion importante à connaître, même si tu ne vas pas forcément l'utiliser tout de suite.

On parle d'effet de levier quand **on utilise l'argent d'un emprunt pour améliorer la rentabilité d'un investissement** (ou ce que te rapporte cet investissement).

Imaginons que tu disposes de 50.000 Euros d'économies et que tu souhaites acheter un appartement pour le louer et toucher un revenu supplémentaire. Acheter un appartement de 50.000 Euros te permettrait de le louer environ 150 Euros par mois, soit un revenu de 1.800 Euros par an.

Ton investissement de 50.000 Euros te rapporterait 3,6% par an (1.800 / 50.000 x 100).

Que se passerait-il si au lieu d'investir 50.000 Euros, tu pouvais en investir le double, soit 100.000 Euros ?

D'abord, il te faudrait emprunter 50.000 Euros, soit la différence entre tes économies et la valeur de l'appartement. Comme nous l'avons vu, la banque ne te prêterait pas 50.000 Euros sans percevoir des *intérêts*, qui est un coût qui s'ajoutera à celui de l'appartement. Supposons que tu puisses louer cet appartement 300 Euros par mois, cela te ferait un revenu de 3.600 Euros par an, pour le même apport de ta part de 50.000 Euros.

Bien sûr, il te faudrait aussi rembourser la banque tous les mois et lui verser des *intérêts*. Si tu accordes avec la banque de lui rembourser ton *emprunt* sur 20 ans pour un taux d'intérêt de 1,5% par an, au bout de cette période, tu auras bien rendu le *capital* de 50.000 Euros à la banque. Tu auras aussi reçu 72.000 Euros de loyers (3.600 x 20 ans) et payé environ 14.000 Euros *d'intérêts*.

Si tu compares avec l'appartement à 50.000 Euros, tu auras gagné au bout de 20 ans, 22.000 Euros de plus: (72.000 - 14.000) - (1.800 x 20) = 22.000 Euros.

Comme tu le vois, l'effet de levier peut être très intéressant pour **anticiper** et **accroître** ton gain. Il permet de démultiplier tes possibilités sans attendre d'avoir les économies nécessaires.

Et une fois que tu auras remboursé la banque, ton *patrimoine* aura augmenté de la valeur de ton acquisition et tu continueras à percevoir des loyers aussi longtemps que ton bien est en location.

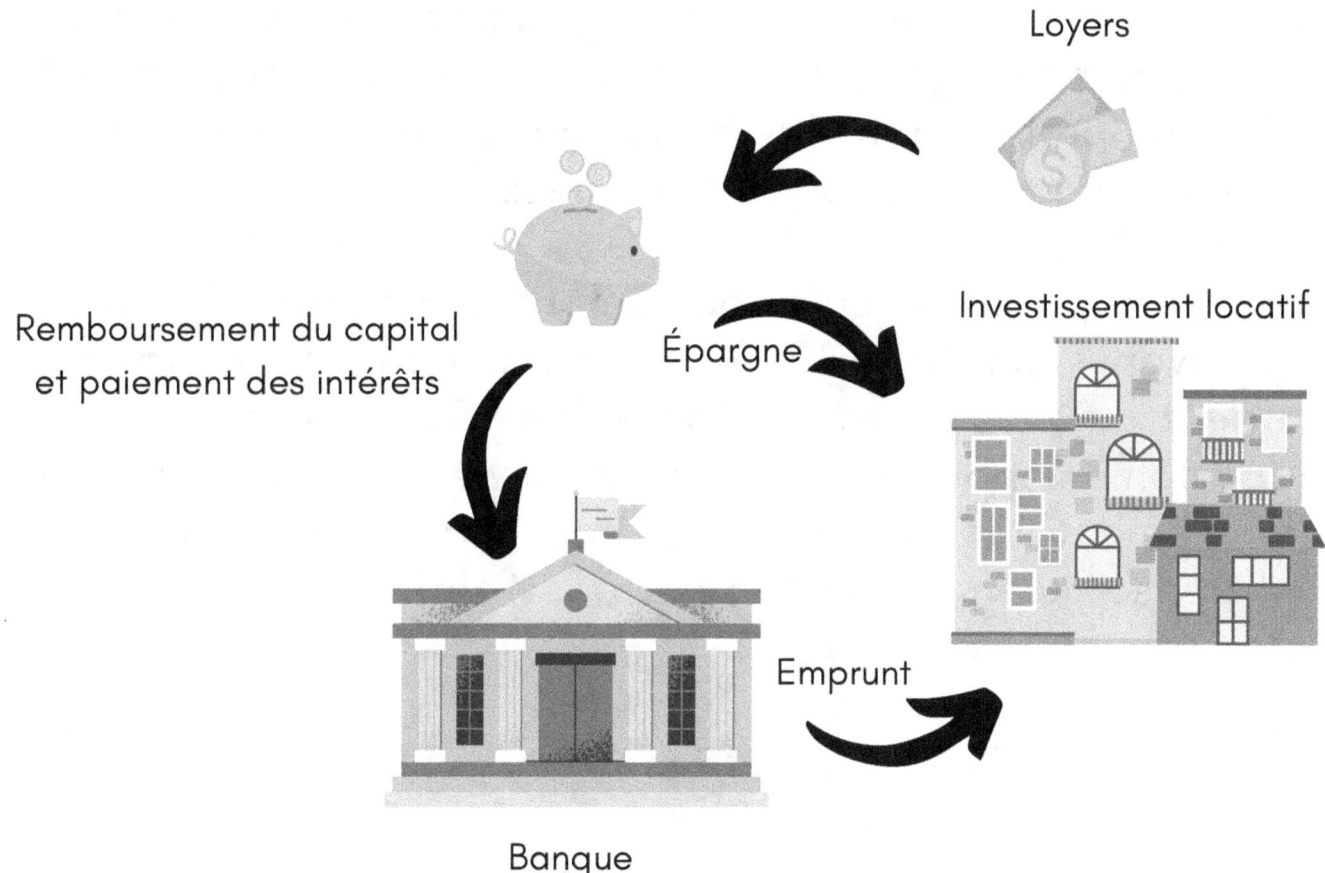

Les revenus passifs

Impossible de parler d'investissement locatif - le fait d'acheter un appartement ou une maison pour les louer - sans aborder les revenus passifs.

Un revenu passif est quand ton argent ou ton patrimoine (c'est à dire ce que tu possèdes, comme un appartement ou des économies) travaillent pour toi et te font gagner de l'argent.

On parle de revenus passifs par opposition aux **revenus actifs**, comme quand tu as un emploi salarié ou quand tu crées ta propre activité. Si tu cesses ton travail ou ton activité, la rémunération s'arrête aussi.

Le fait de posséder un appartement te permet de générer des revenus locatifs, même si à la base, tu n'avais pas tout l'argent nécessaire pour l'acquérir. Tu peux garder cet appartement pour le louer toute ta vie et obtenir ainsi un complément de revenu tout en travaillant dans une entreprise ou en créant ta propre activité.

Il existe d'autres revenus passifs, comme mettre son épargne sur un compte rémunéré. En échange, la banque te verse des intérêts car elle utilise ton argent pour en gagner, en le prêtant à d'autres personnes par exemple.

Un cours enregistré dans une vidéo peut également devenir un revenu passif. Imaginons que tu proposes des cours particuliers de mathématiques car tu es particulièrement doué(e) dans cette matière. Chaque heure passée avec un élève te rapportera de l'argent. C'est un revenu actif.

Mais si en complément, tu filmes de manière originale tes explications et si tu les mets à disposition en ligne contre une petite somme d'argent, c'est un revenu passif. Tu as investi une fois de ton temps pour enregistrer ton cours mais il peut être vendu à l'infini.

Utilise la page suivante pour lister la manière de créer des revenus passifs à partir de ton produit ou de ton service.

Mes sources de revenu passif...

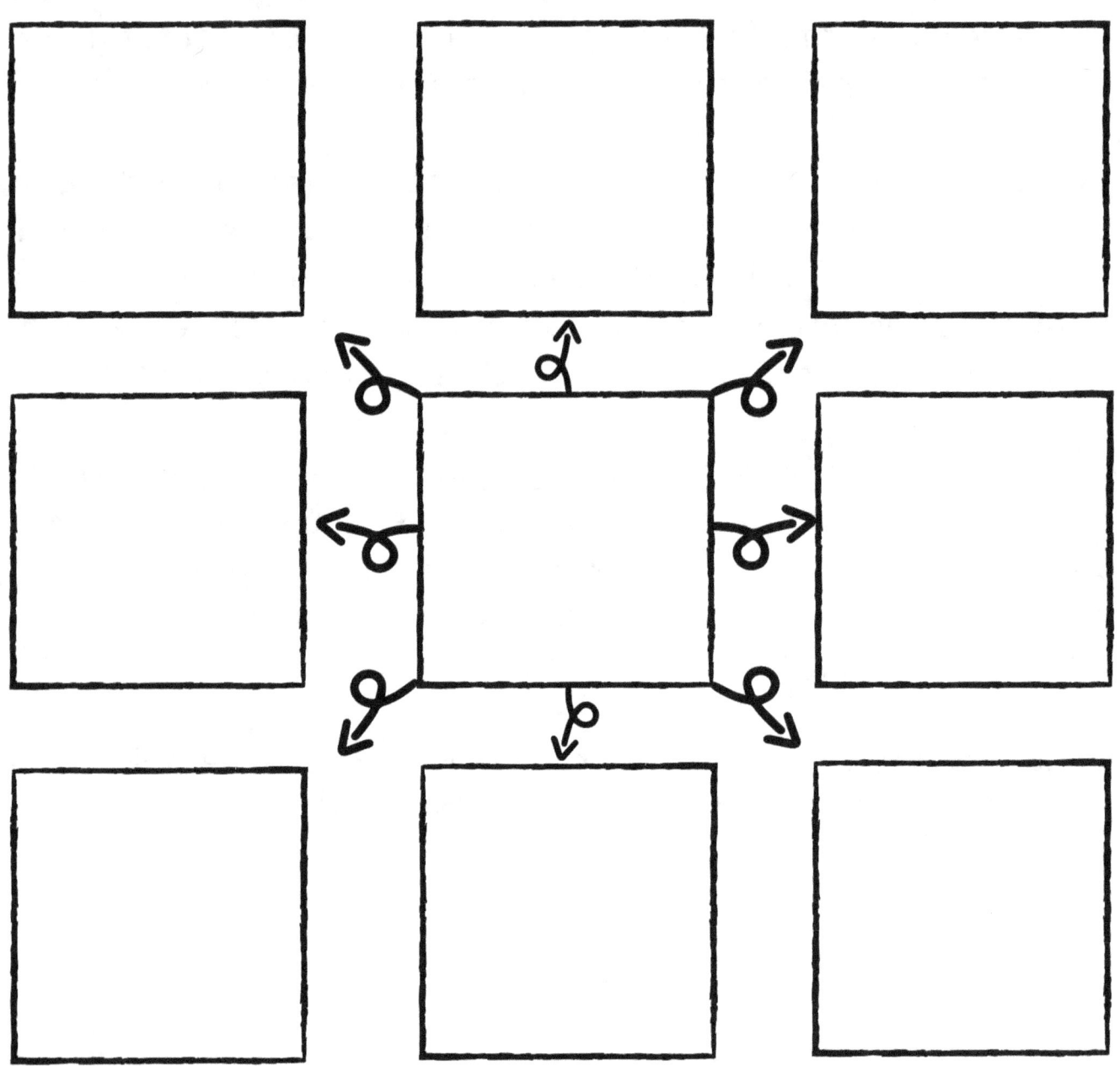

N'hésite pas à noter toutes tes idées même si elles te semblent un peu folles.

L'échec n'est qu'une opportunité pour recommencer la même chose plus intelligemment.

HENRY FORD (FONDATEUR DU GROUPE AUTOMOBILE FORD)

La plus grande erreur que vous puissiez faire dans la vie, c'est d'avoir peur de faire des erreurs.

JOHN FITZGERALD KENNEDY (HOMME D'ÉTAT AMÉRICAIN)

Fixe ton prix

Une fois que tu connais tes *coûts* de production et tes éventuels autres *coûts*, tu peux fixer ton prix. Pour gagner de l'argent, ton prix de vente doit être supérieur à tes *coûts*. C'est ce que l'on appelle la *marge*.

Coûts de production + marge = prix de vente

Tu peux par exemple ajouter 10, 15 ou 20% à tes *coûts* de fabrication.

Si nous reprenons l'exemple de la citronnade dont le *coût* de fabrication s'élevait à 6,30 Euros pour deux litres, une marge de 20% signifie ajouter 1,26 Euros, soit 7,56 Euros.

6,30 x 0,20 = 1,26 Euros de *marge* ou
6,30 x 1,20 = 7,56 Euros pour avoir à la fois tes *coûts* et ta *marge*.

Maintenant, tu ne vas pas vendre les deux litres produits en une seule fois. Tu vas proposer des verres à la vente par exemple.

Imaginons que tu proposes des verres de vingt centilitres (soit 0,2 litre ou cinq verres par litre). Ton prix de vente au litre sera de :

7,56 / 10 verres = 0,756 Euro par verre que tu peux arrondir à 0,80 Euros pour rendre plus facilement la monnaie.

En arrondissant ton prix à 0,80 Euros au lieu de 0,756 Euros, tu as augmenté ta marge. Pour la calculer, tu peux faire le calcul suivant :

Prix de vente unitaire (par verre)
- coût de fabrication unitaire (par verre)
= **marge unitaire (par verre)**

6,30 / 10 = 0,63 Euro de coûts de fabrication par verre (que l'on appelle aussi **coût unitaire**).

0,80 - 0,63 = 0,17 Euro de marge par verre

Si tu veux savoir quelle part (ou quel pourcentage) de ton prix de vente cela représente, il faut faire le calcul suivant :

0,17 / 0,80 = 0,2125 soit 21,25% au lieu de 20%

Enfin, il faut tenir compte du prix de vente de la *concurrence*, c'est à dire des personnes qui proposent un produit ou un service similaire au tien.

Si tu proposes ton verre de citronnade à 0,80 Euro et qu'un autre stand proche du tien propose un verre d'une boisson similaire à 0,70 Euro, tu peux réagir de deux façons :

- Soit tu alignes ton prix sur celui du voisin mais tu réduis considérablement ta *marge* (souviens-toi que tes *coûts* s'élèvent à 0,63 Euro par verre, soit une marge de 0,07 Euro si tu vends à 0,70 Euro)

- Soit tu gardes ton prix mais tu expliques pourquoi ton produit est plus cher. Ce peut être parce la qualité est meilleure (tes citrons sont biologiques, par exemple) ou parce que le service est meilleur (tes verres sont en carton recyclable et tu souris quand tu sers !).

Nous verrons le principe de la **différenciation** dans les pages suivantes.

Calcule ton profit

C'est la fin de la journée et tu as vendu les deux litres de citronnade que tu avais préparés.

Tu devrais avoir dans ta poche un **chiffre d'affaires** (= ce que tu as vendu) de 8 Euros.

Pour calculer ton chiffre d'affaires, il faut faire le calcul suivant :
Nombre d'unités vendues (10 verres) **x prix de vente unitaire** (0,80 Euros) = **8 Euros**

Pour connaître ton *profit*, c'est à dire ce que tu as vraiment gagné, il faut soustraire tes coûts, soit 6,30 Euros.

Chiffre d'affaires - coûts = profit

Tu as vendu pour 8 Euros de marchandises et tu as gagné 1,70 Euro (8 - 6,30 Euros). C'est aussi ta *marge*.

Si tu n'as pas vendu toute la citronnade, ton *profit* est moindre mais tu as toujours ton *stock* de citronnade restante.

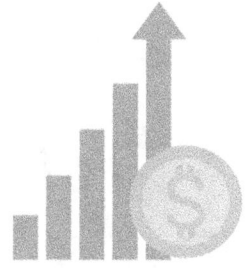

Augmente ton profit

Pour augmenter ton *profit*, il y a plusieurs moyens :

- Soit tu **accrois tes ventes** ou ton chiffre d'affaires. Pour cela, il te faudra produire davantage de citronnade. Si tu vends quatre litres de citronnade au lieu de deux, mécaniquement, tu auras deux fois plus de profits (3,20 Euros au lieu de 1,70).

- Soit tu **baisses tes coûts**, en achetant des citrons moins chers par exemple. Si au lieu de payer tes citrons 2,50 Euros, tu les achètes à 2 Euros, alors tu gagnes 0,50 Euro de plus.

- Soit tu **augmentes tes prix** et donc ta marge. Imagine que tu vendes ton verre de citronnade à 0,90 Euro au lieu de 0,80. Tu augmentes mécaniquement ton chiffre d'affaire de 1 Euro (0,10 centime de marge en plus x 10 verres).

Ensuite, il faut trouver le bon équilibre entre l'offre (ce que tu proposes à la vente) et la demande (tes clients).

Deux autres moyens d'augmenter ton profit est de **diversifier tes ventes et/ou de te différencier**.

Se diversifier signifie proposer d'autres produits ou services, si possible complémentaires, afin de capter plus de clients.

C'est vendre de la citronnade ET de l'orangeade ! C'est proposer de réaliser des portraits ET de coiffer ou maquiller ta cliente avant. La **complémentarité** permet de garder un **discours cohérent** autour de ton produit. Si tu vantes le côté naturel de ta citronnade, tu peux difficilement proposer un soda industriel.

La complémentarité peut aussi te permettre d'optimiser tes achats. Dans le cas de l'orangeade, tu peux utiliser les mêmes ingrédients hormis les citrons. Tu peux même créer une nouvelle recette de citrorangeade en mélangeant les agrumes !

Utilise la feuille suivante pour noter tous les produits ou services complémentaires que tu peux également offrir à tes clients potentiels.

Je me diversifie et propose aussi...

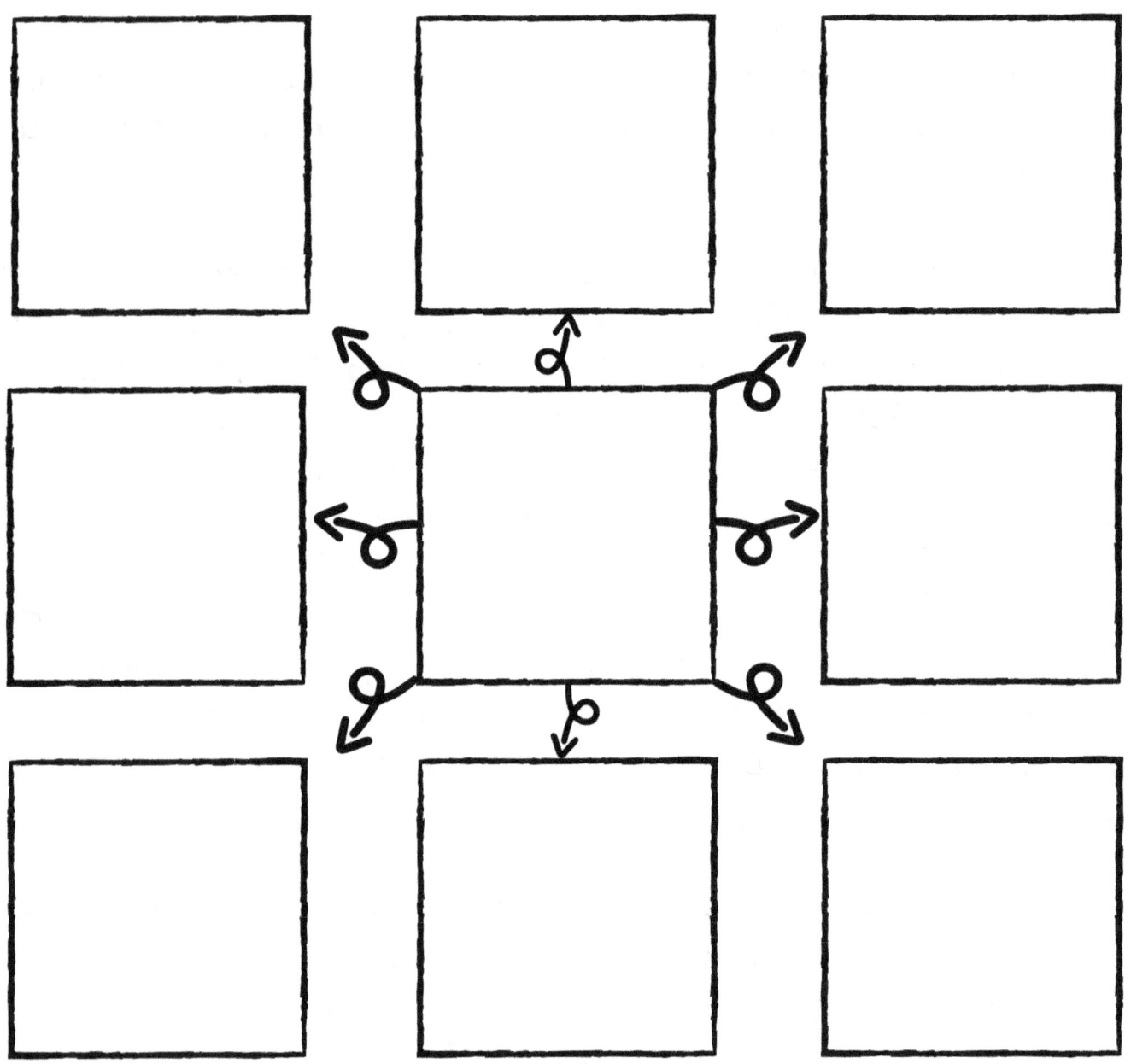

Ne te censure pas et note même ce qui te semble farfelu. Pense à toutes les activités complémentaires, aux ingrédients ou aux couleurs que tu peux modifier, inspire-toi de ce que la concurrence propose déjà et identifie ce qui leur manque.

Les espèces qui survivent ne sont pas les espèces les plus fortes, ni les plus intelligentes, mais celles qui s'adaptent le mieux aux changements.

CHARLES DARWIN (NATURALISTE, SPÉCIALISTE DE L'ÉVOLUTION)

Le succès est toujours un enfant de l'audace.

PROSPER DE CRÉBILLON (DRAMATURGE)

Prévois tes ventes

Tu connais ton produit ou ton service, tes coûts et ton prix de vente. Il faut que tu essayes de deviner le nombre de ventes que tu peux faire.

À quoi cela sert-il ? *Prévoir* tes ventes te permet de **produire en conséquence**. Si tu prépares deux litres de citronnade mais que tu peux en vendre quatre litres, tu auras manqué deux litres de vente. A contrario, si tu prépares deux litres de citronnade et que tu n'en vends qu'un litre, que vas-tu faire du litre restant ?

L'autre intérêt des *prévisions* est de **planifier tes besoins en *ressources*** (*matières premières* et temps nécessaire pour fabriquer). Si tu sais que tu dois préparer 15 bracelets pour les vendre à la fête de ton école, il faut t'organiser pour obtenir ce dont tu as besoin suffisamment longtemps à l'avance (fermoirs, perles, fils colorés, etc.) afin de les fabriquer. Cela implique éventuellement d'économiser sur ton argent de poche.

La concurrence

Tu as trouvé ton produit ou ton service, tu connais tes coûts, tu as déterminé ton prix. Mais connais-tu ta *concurrence* ?

La *concurrence*, ce sont toutes les personnes qui vendent la même chose que toi ou un autre produit ou service pouvant se substituer au tien.

Reprenons une fois de plus l'exemple de la citronnade. Tes *concurrents* ne seraient pas seulement les autres vendeurs de citronnade, mais seraient également tous les vendeurs de boissons diverses et l'eau !

Liste ci-dessous tes *concurrents* :

- _____
- _____
- _____
- _____
- _____
- _____
- _____
- _____

Différencie-toi

Tu dois chercher à savoir ce qui rend ton produit ou service différent, **ce qui lui donne sa valeur** et pourquoi un client potentiel devrait l'acheter plutôt qu'un autre.

Commence par lister tous les avantages de ton produit dans **l'absolu**, c'est à dire sans le comparer à un autre produit. Qu'apporte ton produit ou ton service au client potentiel ?

Dans le cas de la citronnade, c'est une boisson :

- Qui a un goût citronné,
- Rafraîchissante,
- Désaltérante,
- Énergisante (pour la vitamine C contenue),
- Saine,
- Naturelle.

Avantages de ton produit ou de ton service :

- _____
- _____
- _____
- _____
- _____
- _____

Tu as évalué ton produit ou ton service dans l'absolu, compare-le maintenant à la *concurrence*.

En quoi est-il meilleur que les autres ?
- Est-ce pour la qualité du produit ou du service en lui-même ?
- Est-ce pour la manière dont il est produit ?
- Est-ce pour la manière dont il est distribué ?
- Est-il moins cher ?
- Rends-tu le service plus rapidement ? À des heures différentes ?

Avantages de ton produit ou de ton service par rapport à la *concurrence* directe :

- _____
- _____
- _____
- _____
- _____
- _____
- _____

La *différenciation* peut également passer par une **communication différente** de la *concurrence*. Si ton produit ou ton service existe déjà mais que tu communiques de manière décalée, humoristique, tu peux attirer d'autres clients potentiels.

Prenons l'exemple des banques, service sérieux par excellence : de nouveaux *concurrents* émergent qui ciblent particulièrement les jeunes en ne proposant leurs services qu'en ligne, en étant disponibles 24 heures sur 24, en étant meilleur marché. Le ton est également plus léger et parfois moqueur vis à vis des banques traditionnelles.

Comment pourrais-tu proposer une communication différente concernant ton produit ou ton service ?

- _____
- _____
- _____
- _____
- _____
- _____
- _____

Communique !

Pour vendre ton service ou ton produit, il va falloir le faire connaître. Tu disposes de nombreux moyens pour communiquer sur ta *marque* et ton offre.

Un moyen traditionnel est le **bouche-à-oreille**. Rien de plus simple que de faire passer le mot dans ta famille, à tes camarades de classe ou d'activités extra-scolaires, à tes voisins et à tes ami(e)s. Élargis le cercle de tes connaissances !

Tu peux aussi fabriquer des **affiches** et les coller dans des magasins et dans les lieux que tes clients potentiels fréquentent habituellement en demandant la permission. Si ton produit ou ton service s'adresse à des personnes de ton âge, réfléchis où ton affiche est susceptible de les toucher mais pense aussi à leurs parents, qui financeront probablement leur achat.

Si tu participes à un **événement** organisé par une autre personne – ton école, ta ville, ton quartier – tu peux bénéficier de la publicité qu'ils vont réaliser. Invite le maximum d'ami(e)s à venir !

Tu as également accès à la force de frappe d'Internet, des plateformes de vente, de petites annonces en ligne et des réseaux sociaux pour atteindre davantage de clients potentiels.

Tu peux le faire de deux manières :

- Pour **promouvoir ta marque**, tes produits et tes services,
- Pour **vendre directement** tes produits ou tes services.

Pour promouvoir ce que tu proposes, fais de belles photos de tes produits, illustre les services que tu proposes et poste-les. Demande aux personnes que tu connais de t'aider à faire parler de ton activité. Cela ne leur coûtera rien de plus qu'un simple click le plus souvent.

Tu peux aussi **créer une page gratuitement** pour présenter tes produits ou services, indiquer où les trouver ou quand tu peux fournir tes services.

Pense à ne pas mettre de photos de toi, à ne pas communiquer ton nom, ton âge ou ton adresse.

Si tu proposes un service que tu ne peux pas rendre en ligne, privilégie les sites d'annonces locales. Cela te permettra de ne pas recevoir de demandes depuis Montréal si tu proposes tes services à Bordeaux.

Si tu souhaites vendre tes produits en ligne, garde en tête que les standards de qualité sur Internet peuvent être plus élevés que sur un marché de Noël. Ce n'est pas la même chose d'acheter une bougie artisanale ou des biscuits faits maison à un enfant ou à un adolescent lors d'une kermesse et sur Internet.

Avant de vendre des produits artisanaux sur une plateforme, assure-toi que les photos et les textes que tu mets en ligne reflètent bien la réalité de ce que tu vends.

Et prévois la logistique ! Si tu dois envoyer un produit par courrier, as-tu de quoi l'emballer correctement ? Peux-tu facilement te rendre dans un bureau de poste ? As-tu intégré les frais d'envoi à ton prix de vente ?

Une manière de communiquer est encore d'animer un blog proche du thème de ton produit ou service. C'est une façon de partager tes centres d'intérêt et de gagner en expertise (tu accrois tes connaissances parce que rédiger des posts de blog t'oblige à te documenter) et en crédibilité vis à vis de tes clients potentiels.

Si tu réalises des portraits, tu peux y partager des astuces de prise de vue, de composition ou de retouche par exemple. Tu peux aussi exposer les portraits que tu as déjà pris afin de montrer tes talents.

Quels sont les thèmes connectés à ton produit ou ton service dont tu pourrais parler ?

- _____
- _____
- _____
- _____
- _____

Si vous passez outre ce sentiment de peur, ce sentiment de prise de risque, des choses vraiment surprenantes peuvent arriver.

MARISSA MAYER
(INFORMATICIENNE, DIRIGEANTE D'ENTREPRISE)

Le seul endroit où le succès vient avant le travail, c'est dans le dictionnaire.

VIDAL SASSOON (COIFFEUR, FONDATEUR DE VIDAL SASSOON)

Réseaute !

Réseauter veut dire créer un réseau de contacts. Le but doit être d'**établir et de développer des relations à long terme et mutuellement bénéfiques** avec des personnes rencontrées dans différents endroits. Que tu participes à une rencontre sportive ou que tu fasses la queue à la cantine, tu peux établir une connexion à vie.

Pourquoi est-ce nécessaire ? Un réseau correctement utilisé te permettra :

- D'échanger des idées avec des personnes différentes et de t'ouvrir l'esprit,
- De débattre et d'améliorer tes capacités d'expression et de négociation,
- T'apprendre des informations, des connaissances et de transmettre les tiennes,
- D'être plus sûr/e de toi car tu devras dompter ta timidité afin d'aller vers des inconnu(e)s. Mais tu verras que cela te sera de plus en plus facile.
- De te détendre car c'est aussi un moyen de passer un bon moment.

Dans un réseau, tu peux trouver :

- Un futur client,
- Un futur prescripteur - quelqu'un qui conseille tes produits ou services aux autres,
- Un futur collaborateur pour t'aider,
- Un fournisseur, qui peut t'apporter de nouvelles matières premières ou services,
- Un investisseur, qui peut te financer,
- Un expert, qui peut t'aider à résoudre un problème ou améliorer ton produit,
- Un conseiller, qui peut te suggérer des changements,
- Un intermédiaire, qui peut te présenter une nouvelle personne utile à ton activité,
- Un(e) associé(e),
- Une nouvelle idée pour lancer une autre activité,
- Un(e) ami(e) !

Alors lance-toi la prochaine fois que tu rencontres quelqu'un !

Prépare de petites phrases pour engager la conversation quand tu rencontres quelqu'un de nouveau :

Ton plan de développement

Un *plan de développement* (aussi souvent appelé "business plan", qui est la version anglaise de plan de développement) est un document décrivant l'avenir de ton activité, ce que tu souhaites faire et comment. Ce plan détaille la *stratégie* financière et commerciale choisie pour mener à bien un projet.

Il est très utile et même indispensable quand tu demandes un prêt à la banque ou quand tu cherches des *investisseurs*. Les entrepreneurs avec un *plan de développement* ont deux fois plus de chances d'obtenir un prêt et deux fois plus de chances de convaincre un *investisseur*.

En général, ces plans décrivent les trois à cinq premières années de ta *stratégie* commerciale. Les entreprises avec un *plan de développement* ont également 1,5 fois plus de chances de voir leurs ventes croître.

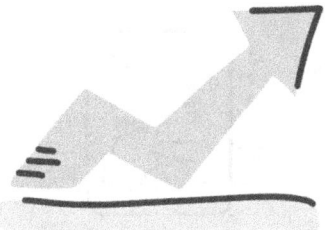

Un *plan de développement* n'a pas un effet magique sur les banques, les *investisseurs* ou tes ventes mais il t'oblige à répondre à de bonnes questions, à peaufiner ta stratégie et à te projeter dans le futur.

Les principaux points à détailler sont ceux que tu as déjà commencé à aborder dans ton journal :

- Ton objectif global,
- Ton offre, son développement futur,
- Tes prix, ton *positionnement*,
- Ton public cible et comment tu comptes l'atteindre (par quelle *promotion*, publicité, *stratégie* sur les réseaux sociaux),
- Les étapes et délais,
- Les chiffres avec les *prévisions* de ventes et les profits,
- Les *investissements* et *ressources* nécessaires,
- L'équipe, car dans l'avenir, tu vas peut-être avoir besoin d'aide pour croître.

Plan de développement

Mon objectif global

L'offre et les prix

Le positionnement, les marchés

La stratégie commerciale

Plan de développement

Les étapes et dates prévues

- _____
- _____
- _____
- _____

Chiffre d'affaires sur 3 ans   Profits sur 3 ans

Investissements et ressources nécessaires

Forces et faiblesses

Pour convaincre tes investisseurs potentiels que tu as réfléchi à tout ou simplement pour définir ta stratégie face à la *concurrence*, tu peux également avoir recours à l'analyse **SWOT** et l'ajouter à ton plan de développement.

SWOT est un acronyme anglais pour :
- S --> Strenghts / Forces
- W --> Weaknesses / Faiblesses
- O --> Opportunities / Opportunités
- T --> Threats / Menaces

- **Forces** : caractéristiques de l'entreprise ou du produit qui lui donnent un avantage sur les autres.
- **Faiblesses** : caractéristiques qui placent l'entreprise ou le produit dans une position désavantageuse par rapport aux autres.
- **Opportunités** : éléments de l'environnement que l'entreprise ou le produit pourrait exploiter à son avantage.
- **Menaces** : éléments de l'environnement qui pourraient causer des problèmes à l'entreprise ou au produit.

Forces et faiblesses

Réfléchis à ton offre, à tes produits et services, et remplis le tableau d'analyse SWOT ci-dessous :

Célébrer le succès, c'est bien, mais il est plus important de tirer les leçons de l'échec.

BILL GATES (CO-FONDATEUR DE MICROSOFT)

Les choses durement gagnées ont plus de valeur que celles qui viennent trop facilement.

RICHARD BRANSON (FONDATEUR DE VIRGIN)

Prépare ton "pitch"

Parfois, un plan de développement ne suffit pas. Il faut aussi présenter oralement ta future activité. C'est ce qu'on appelle, le "*pitch*". Ce mot anglais désigne le **condensé de ton idée, de tes objectifs, de tes marchés**. Il doit être court et percutant et se travaille.

Indispensable avant un démarrage d'activité, le "*pitch*" est parfois utilisé par des entreprises déjà établies quand elles ont besoin de ressources, de fournitures, d'équipements ou d'embauches supplémentaires pour stabiliser leur activité. C'est notamment le cas des "*start-up*", autre mot anglais pour désigner les *jeunes pousses* d'entreprise.

Tu peux également utiliser ce résumé pour vendre tes produits ou services.

Un "*pitch*" dure généralement entre 10 et 20 minutes. La présentation et les documents à distribuer, comme ton plan de développement, sont donc à adapter à cette durée.

Quels éléments doit inclure ton "*pitch*" ? Il reprend les principaux points de ton plan de développement.

- **Tes objectifs** : Une brève introduction sur l'activité, la vision ou la mission, et les objectifs financiers et commerciaux généraux.

- **Un calendrier** : Fournir un calendrier des différentes étapes du lancement puis du développement prévu de ton activité peut être un élément visuel utile pour les investisseurs potentiels. Il peut s'agir de dates de lancement, de commercialisation, de promotion, d'un plan d'embauche (à terme) et de toute autre information pertinente pour la croissance de ton activité.

- **Marchés** : Il s'agit d'informations sur les caractéristiques démographiques de ton public cible ou sur les personnes auxquelles tu as l'intention de vendre tes produits ou services.

- **Stratégie *marketing*** : Il est important que tes *investisseurs* sachent comment tu prévois de faire de la publicité et de commercialiser ta marque et tes produits. Il peut s'agir d'un plan simple, mais il doit être pratique et réalisable et peut inclure une variété de canaux et de plateformes dans lesquels tu communiqueras.

- **Finances** : Cette section doit fournir plus de détails sur des aspects tels que les *prévisions* de *chiffre d'affaires*, le *revenu* par client et la croissance mensuelle de la clientèle.

Savoir monter un argumentaire et le présenter devant des *investisseurs* potentiels sollicite des compétences importantes telles que la pensée analytique et critique, la créativité, la prise de décision et la fixation d'objectifs. Toutes ces qualités te seront utiles dans la vie.

Demande de l'aide

Il peut te sembler difficile de demander de l'aide, surtout si tu as un fort sentiment d'indépendance. Mais tout le monde a besoin d'aide de temps en temps, et il est essentiel de savoir comment et quand la demander.

Cette aide peut venir d'un de tes parents, d'un professeur ou d'un mentor, notamment avant de lancer ton activité. Tu peux leur demander d'évaluer tes idées, ta *stratégie*, de t'aider à trouver des *financements* et plus tard, à enregistrer légalement ton *entreprise*.

Le soutien peut aussi provenir de cours gratuits en ligne. Visite les sites de Coursera ou d'EDX, les leaders du secteur pour renforcer tes compétences. L'aide peut aussi venir d'une association pour l'entreprenariat dans ta ville. Renseigne-toi !

Des ami(e)s peuvent t'également t'aider pour installer ton stand, coller tes affiches ou vendre tes produits.

Patiente et corrige...

Avant de te lancer, il faut être conscient(e) que peu d'entreprises réussissent dès le départ. Il va falloir t'armer de patience et persévérer malgré de faibles ventes.

Si tu participes à une vente et que personne n'achète tes produits, **observe, analyse et corrige pour la prochaine fois** :

- Est-ce parce que ton stand est mal placé ?
- Est-ce qu'il y a trop de concurrence ?
- Est-ce ton prix ?
- Est-ce la présentation du produit ?
- Est-ce parce que le public ne correspond pas à ta cible ?

Les échecs sont une source d'apprentissages inestimables. Note tout ce que tu penses devoir améliorer et corrige ce qui peut l'être au mieux.

Si tu le peux, regarde ce que fait la *concurrence* quelques stands plus loin et si elle vend plus que toi, compare vos stands et vos produits.

Que tu proposes des services ou des produits, sois attentif (attentive) aux éventuelles suggestions ou critiques.

Faiblesses et corrections

Faiblesses | Actions correctives

En cas d'échec...

Tu es parvenu(e) à la conclusion que ton idée n'était pas la bonne ? Qu'il n'y avait pas de *marché* suffisant ? Que tes *coûts* étaient définitivement trop élevés ?

- Sois bienveillant(e) envers toi-même. Tout le monde se trompe, fait des erreurs, échoue. Ne te flagelle pas. Ta prochaine tentative sera la bonne.

- Change toi les idées. Rien ne sert de ressasser une erreur. Regarde un film, écoute de la musique, sors avec un(e) ami(e), fais du sport.

- Parles-en. Un échec est toujours douloureux. Parles-en avec des personnes bienveillantes, des ami(e)s, tes parents, ton professeur préféré, ton entraîneur.

- Établis un nouveau plan. Ne reste pas sur un échec. Prépare ton prochain succès !

La meilleure des publicités, c'est un client satisfait.

BILL GATES (CO-FONDATEUR DE MICROSOFT)

Je pense que c'est là le meilleur des conseils : pensez constamment à comment vous pourriez mieux faire les choses et remettez-vous en question.

ELON MUSK (FONDATEUR DE PAYPAL ET DE TESLA)

En conclusion

Tu as désormais toutes les cartes en main pour commencer à réfléchir à une activité ou bien pour concrétiser ton idée. Le plus dur est de se lancer mais tu sais que tu as tout à gagner à essayer.

Si l'inspiration te manque, sois patient(e), aiguise ton sens de l'observation et de la critique pour trouver des idées. Note-les et consulte-les régulièrement car si le moment n'est peut-être pas encore venu, il le sera possiblement demain.

Le fait d'entreprendre développera des qualités qui te serviront toute ta vie. Même si tu décides finalement de devenir salarié(e), même si tu échoues à lancer et développer avec succès ton activité, tu seras déjà riche de cette expérience et mieux armé(e) pour ta prochaine tentative.

Pour finir, pense à cette phrase de Steve Jobs, co-fondateur d'Apple : "Si tu ne travailles pas pour tes rêves, quelqu'un t'embauchera pour travailler pour les siens."

Que retiens-tu de ton journal ?

Lorsque vous innovez, vous devez vous préparez à ce que l'on vous traite de cinglé.

LARRY ELLISON (CO-FONDATEUR D'ORACLE)

Votre temps est compté, alors ne le gâchez pas en vivant la vie de quelqu'un d'autre.

STEVE JOBS (CO-FONDATEUR D'APPLE)

Lexique

- **Capital** : ensemble des biens susceptibles d'apporter des revenus. Valeur de ces biens.
- **Chiffre d'affaires** : somme des ventes de produits ou de services.
- **Concurrence** : rivalité entre plusieurs agents pour un même marché.
- **Coût** : ce que coûte une chose, ce que tu dépenses pour l'obtenir.
- **Différenciation** : action de se différencier, de rendre différent / **Différencier** : rendre différent.
- **Effet de levier** : utiliser un emprunt dans le but d'amplifier les profits.
- **Emprunt** : démarche effectuée pour obtenir de l'argent ou un objet à titre de prêt.
- **Entreprise** : unité économique, dont la fonction principale est de produire des biens ou des services pour les vendre.
- **Financement participatif** ("Crowdfunding") : échange de fonds entre individus en dehors des circuits financiers institutionnels afin de financer un projet via une plateforme en ligne.
- **Investir** : placer de l'argent ou du temps dans quelque chose en vue d'en tirer un bénéfice / **Investissement** : action de placer de l'argent / **Investisseur** : celui qui investit.
- **Logotype** (abréviation logo) : Représentation graphique d'une marque commerciale, du sigle d'un organisme, d'un produit.

- **Marché** : débouché pour un produit ou un service, personne susceptible d'acheter le produit ou le service.
- **Marge** : différence entre le prix de vente et les coûts d'un bien ou d'un service.
- **Marketing** : ensemble des techniques qui ont pour objet la stratégie commerciale et notamment l'étude de marché.
- **Marque** : nom commercial utilisé pour distinguer les produits, les services d'une société.
- **Matières premières** : matériaux utilisés pour fabriquer un produit.
- **Participation** (prise de) : c'est quand un investisseur devient propriétaire d'une partie de l'entreprise. Il peut avoir un rôle à jouer dans l'entreprise, par exemple en conseillant. Il bénéficie également de parts sur les bénéfices de l'entreprise.
- **Patrimoine** : ce qui est considéré comme un bien propre, une richesse.
- **Pitch** (résumé en français) : discours présentant de manière concise ton activité et ses objectifs.
- **Plan de développement** ("business plan") : document décrivant la stratégie d'une entreprise sur trois à cinq ans.
- **Positionnement** : image du produit perçue par le consommateur.
- **Prévisions** : Action de prévoir.

- **Prévoir** : Penser, d'après certaines données, qu'un fait futur est probable à une échéance plus ou moins lointaine.
- **Profit** : différence entre le montant des ventes et celui des achats.
- **Promotion** : Article, produit dont les conditions de vente sont déterminées pour en accroître la vente.
- **Rabais** : diminution faite sur un prix.
- **Rémunération** : prix d'un travail fourni, d'un service rendu.
- **Rétribution** : somme d'argent versée en échange d'un travail, d'un service.
- **Rentabilité** : faculté d'un capital investi de dégager un gain financier / **Rentable** : qui dégage un gain financier.
- **Ressources** : moyens financiers ou matériels.
- **Revenu** : Ce qui revient à quelqu'un comme rémunération de son travail ou comme fruit de son capital.
- **Slogan** : phrase concise et percutante conçue pour que le public mémorise le nom d'un produit ou d'une société.
- **Start-up** (ou jeune pousse en français) : jeune entreprise.
- **Stock** : marchandises prêtes à être vendues.
- **Stratégie** : art de coordonner des actions, de manœuvrer pour atteindre un but
- **Taux d'intérêt** : rémunération de l'argent prêté.

Organisation possible d'entreprise

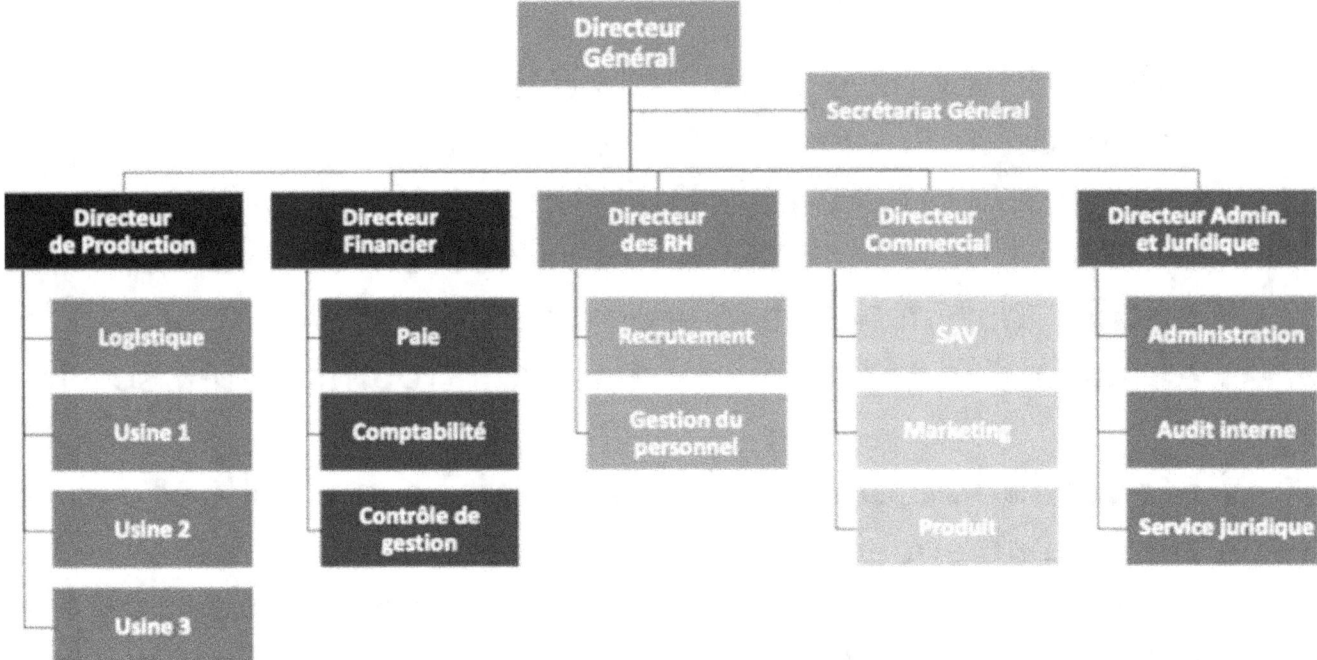

- **Usine** : Fabrique les produits à vendre.
- **Logistique** : C'est l'organisation de tout ce qui est nécessaire pour que des choses soient transportées d'un endroit à un autre. Il y a les mouvements entrants (matières premières, emballages nécessaires à la production) et les mouvements sortants (livraison des produits finis dans les magasins ou aux clients).
- **Paie** : C'est l'argent que les travailleurs reçoivent pour leur travail, comme quand tes parents reçoivent de l'argent pour leur travail. Le service Paie établit les salaires à verser aux employés et les cotisations sociales à payer aux organismes sociaux.
- **Comptabilité** : C'est un peu comme tenir un carnet où on note tout l'argent que l'on gagne et que l'on dépense, pour savoir si on est en train de gagner ou de perdre de l'argent.

- Le service Comptabilité enregistre les transactions de l'entreprise (achats, ventes, investissements, emprunts, etc.)
- **Contrôle de gestion** : C'est le service qui vérifie que tout se passe bien dans une entreprise et que tout le monde suit les règles pour que l'entreprise fonctionne bien. Il vérifie et optimise les coûts.
- **Recrutement** : C'est chercher et choisir les meilleures personnes pour travailler dans une entreprise, un peu comme choisir les meilleurs joueurs pour une équipe de foot.
- **Gestion du personnel** : C'est s'occuper de tout ce qui concerne les travailleurs d'une entreprise, comme leurs horaires, leurs vacances, et les aider s'ils ont des problèmes.
- **SAV = Service Après Vente** : C'est le service qui aide les clients après qu'ils ont acheté quelque chose, par exemple si un jouet est cassé, le SAV aide à le réparer ou à le remplacer.
- **Marketing** : C'est tout ce qu'une entreprise fait pour donner envie aux gens d'acheter ses produits, comme les publicités à la télé ou les affiches dans les magasins.
- **Produit** : Ce sont les personnes qui proposent les produits à vendre, leurs caractéristiques, leur prix, etc.
- **Administration** : C'est tout le travail organisé dans une entreprise ou une organisation pour que tout fonctionne bien, comme gérer les papiers, les rendez-vous et les informations.

- **Audit Interne** : C'est vérifier que tout se passe bien dans une entreprise, un peu comme un contrôle de routine pour s'assurer que tout est en ordre et qu'il n'y a pas de problèmes.
- **Service juridique** : C'est le service qui s'occupe de tout ce qui concerne les lois et les règles dans une entreprise, pour s'assurer que tout est fait légalement et correctement.